여자는 슬플 때 엄마를 찾는다

여자는 슬플 때 엄마를 찾는다

육현숙 시집

그루

시인의 말

목을 길게 빼고 뒤꿈치를 들고
사문진 노을 가에서 서성거렸습니다.
붉게 물든 시를 줍는 마음 누가 알까요.
타향에 시집와 그리움이 일 때도
흐르는 낙동강을 거닐었습니다.
'여자는 슬플 때 엄마를 찾는다'던
병든 노모의 말씀 사무칩니다.
돌아보니, 편편片片마다 아쉽건만
사랑하는 가족에게 이 시집을 바칩니다.

2024년 가을 비슬산에서
육현숙

 차례

시인의 말　5

제1부 **여자는 슬플 때 엄마를 찾는다**

강정보 두물머리　11 / 모자　12 / 시래기　14 / 구절초　16 / 여자는 슬플 때 엄마를 찾는다　17 / 경로 재탐색　18 / 한쪽 귀　20 / 휴우!　21 / 하얀 아이　22 / 시집오다　24 / 대봉 씨氏　26 / 향기와 가시 사이　27

제2부 **들국화에 업히셨다**

전지를 하다가　31 / 아버지 미소　32 / 들국화에 업히셨다　34 / 양마지　36 / 굽은 소나무　38 / 섬과 바다　40 / 청춘을 사 오다　41 / 감박골 이야기　42 / 칠월 땡볕　44 / 떨어져 나간 자리　46 / 인생 열차　48 / 팔순이　50

제3부 **단풍**

엄마　55 / 늙은 전화기　56 / 단풍　58 / 달마중　60 / 고슴도치 가족　62 / 그 남자　64 / 꽃 진 자리　65 / 꽃샘바람　66 / 꿈이 이루어지나요　67 / 나, 돌아갈래　68 / 노을 수첩　70 / 뒤뚱이　72

제4부 잠이 오나요, 그대

하목정 목백일홍 77 / 잠이 오나요, 그대 78 / 지하철에서 잠든 홍게 80 / 감자꽃 82 / 전원주택 84 / 모자 공원 의자 86 / 몸국 88 / 몽돌 90 / 믿고, 속고 92 / 소나기 94 / 목련꽃 지다 96 / 줍다 97

제5부 비렁길은 울지 않는다

은유 101 / 퇴고 다이어트 102 / 육신사 홍살문 104 / 하이패스 106 / 호미 꽃으로 핀 당신 107 / 영벽정에서 108 / 갈고리 손 110 / 가족 112 / 기웃거려요 114 / 다락방 116 / 비렁길은 울지 않는다 118 / 비슬산 참꽃 120

해설
그리움의 무늬 125

제1부 여자는 슬플 때 엄마를 찾는다

강정보 두물머리

갈대 숲길 너머엔 물새 길이 보이네

추억을 더듬는 낙동강 습지 두물머리

뜨거운 경상도 남자 순진한 전주 여자

봄비처럼 어우러져 토닥 토닥 콩 볶네

뻐꾸기 뒷산 하얗게 우는 날

이슬 맞으며 시의 몸살을 앓았지

저녁 물안개 속으로 한없이 걸어 들어온 그림자

노을이 강물에 스며들면 어떠리

세월은 또 붉은 물 따라 고요히 흐르면 어떠리

모자

아침마다 모자들 도서관에 사뿐사뿐 온다

베레모, 창 넓은 모자, 커다란 꽃을 단 모자
가슴에 제각각 꽃씨 심으러 온다

모자들은 화가가 되고 시인이 되고 낭송가가 되고
색색의 햇빛을 칠해 꽃나무가 된다

어떤 모자는 뜨거웠던 사랑 얘기 끝이 없고
어떤 모자는 노을 바다에 빠져 눈물짓고

어떤 모자는 장미처럼 우아하게 향기를 뿜고
푸른 하늘 포즈 취해 가며 가시 찌르고 있다

교실 한구석 허풍 치는 그 늙은 베레모
돌아서서 모자들 수군수군하는데
제 꿈에 취해 한 마리 새 되어 하늘 날고 있다

우리는 저마다 머리 위에 욕심 가득
큰 모자 하나씩 쓰고 있다

졸음 겨운 하오, 나는 눈꺼풀 치켜뜬다

시래기

곰솥에 시래기 푹 삶는다

바람 한 줌 움켜쥐고

억세게 버텨온 새벽어둠

그 세월을 푹푹 삶는다

너의 설움 한 가닥씩 쭈욱 벗겨주리

홀로 아이 넷 키우던 그 울음 들려주리

악다구니 쓰던 그 모진 겨울 어름 밑

어찌할 줄 모르던 터진 손등

밤마다 떠먹은 그 달빛 흐느낌

궂은 날 잘 견뎌준 내 새끼들

담벼락에 주렁주렁 걸렸다

구절초

어쩌다 그 틈새 살아 나온 걸까
흐르는 구름 쪽 귀를 묻고
그녀는 바위에 기대 있다

흔들리는 바람 속에서
자꾸만 허리가 휘청거린다

어린것들은
어미의 심정도 모른 채,
꽃대에 매달려 줄타기한다

산다는 것은
늘 아찔한 순간뿐,

구구절절 할 말은 많아도
은은한 향기 밀어내며
두어 숟갈 햇살을 떠먹는 그녀의 잔주름

여자는 슬플 때 엄마를 찾는다

반지 귀걸이 팔찌는 여자의 꽃이다

허허로울 때 사 모은, 엄마의 그 꽃받침들

젖은 장맛비 오는, 아침나절에 팔았다

정신이 왔다 갔다 한다며, 반지는

네가 가져라 주시던, 요양병원 계신 엄마

깊은 꽃대에서 울컥 밀고 올라오는 붉은 울음

늙은 꽃잎 서러운 그 무른 눈언저리

병원 창 너머 봄 하늘 꽃씨 옮겨 심으려나 보다

경로 재탐색

순간, 잘못된 선택이라고

지니가 말할 때 들을 걸 그랬네

멀리 돌아갈 수 있다고

유턴하라고 할 때 그럴 걸 그랬네

조금 빨리 이 여자를 만났으면

한 박자 늦지는 않았을 텐데

구름 위에 꽃나무도 심을 수 있었을 텐데

섬 뒤쪽, 그 남자도 숨겨 둘 수 있었을 텐데

공연히 재탐색하다 이탈한 경로

살짝 수평선 터치만 했는데

평생 뺑뺑 골목길을 헤맬 줄 몰랐네

한쪽 귀

이르다는 바람의 그 말

들어야 하는데,

한쪽 귀로 흘린 탓일까

시샘하는 꽃샘 어지러운 세상

너무 일찍 나온 저 비슬산 참꽃들

폭설 맞아 얼어 있네

몽환적인 것은 다 슬픈 색조

못다 핀 인생 그 눈 덮인 분홍 처녀

휴우!

노을 속 배 띄우는 저 지구 사람들

눈앞에 섬 잠기는 바다

사랑하는 연인 달 허공에서 춤춘다

부푼 풍선 잡고 날아가는 아이들 웃음소리

은빛 수평선 따라 윤슬에 환한 보름달

돛단배 바람 속 매화 매달려 미끄러지고

바람이 넘어진다, 장미꽃 가슴에 넘어진다

몸부림친다 추락하는 꿈

휴우!

하얀 아이

유월의 허공 밟고 가버린 내 동생

아카시아 향기 좋아 따라간 그 아이

하얀 꽃송이처럼 이빨이 고운 아이

쑥인절미 목에 걸려 저 하늘로 가버린 동생

자식 업고 밤중에 문 닫힌 병원

마구마구 울며 두드렸지, 어머니

그 밤 통곡 속 허공 길 떠나버린 하얀 아이

뒷산 아카시아 피면 해마다 돌아오는 그 모습

돌담 사이 하얗게 웃고 선 빈 그림자처럼

자꾸자꾸 날 부르는 뒷산 뻐꾸기 우는 소리

휘청휘청 날갯짓 무거운 그 아이 우는 소리

시집오다

들깨 모종 한 다발
전주에서

승용차 타고
대구에 심겼네

물설고 낯선 곳
바람 잘 날 없었네

기죽지 말라며
동구 밖 따라 나와
손목 잡아주시던 어머니

들깨 모종
심은 곳마다
눈치코치 보지 않고
텃세 잘 이겨내었지

제 고향인 양 무럭무럭 자라
자식 서너 됫박 씨알을 낳았네

야무진 경상도 시집살이
잘 이겨 낸 지금,
들기름 냄새 고소하네

대봉 씨氏

장대비 내리치던 날

감꽃으로 그대를 만났을 때

내 떨어질까 봐,

우산 들고 몇 번씩 왔다 갔다 했지요

긴 사랑의 끝, 그 갈라진 가뭄의 땡볕에서도

구름 가리키며 내 어깨 다독여주던 대봉 씨氏

그래요, 저 고운 노을처럼 붉게 번지고 싶어요

이 가을 서리에 당신같이 달달한 놈도

흔치 않다는 걸 아시죠? 대봉 씨氏

향기와 가시 사이

달이 바닷물 끌어당기는 소리 들리나요

장미꽃잎 수군거리는 소리 들리나요

오월 구름 아래 꽃대 틔우자고 재촉하네요

당신을 사랑하는 동안

향기보다 가시로 찔리기도 했답니다

출렁이는 마음 상처는 깊어

바람이 휩쓸고 간 담장 너머

미움과 사랑은 공존이 아니라

사랑의 당도가 올라가고 있나 봐요

제 2부

들국화에 업히셨다

전지를 하다가

놓을 줄 몰라 운 적이 있었네

움을 틔우려고 산고를 겪던 그날

몽실몽실 딸이 웃고 있었네

아픈 곳에 귀 기울이지 않고

그 애의 자랑에 세월을 묻었네

비바람에 떨어질까 버릴 줄 몰랐네

오늘 아침 내 늙은 마음을 보네

무얼 위해 억척같이 살 일이 아니다는 것을

깨닫는 전지하는 날

아버지 미소

베짱이 놀이가 취미였던 아버지

어머니는 젖 먹던 힘까지 끌어내 육 남매 키우셨지

외가에 맡겨둔 농사지을 새끼 밴 그 암소

인공 놈들이 가져갔지 그날 이후 술만 취하면

고래고래 소리 지르며 어머니께 소 찾아오라 하셨네

어머니는 눈물의 술래잡기, 달빛 장독대 잡고 우셨지

어젯밤 옥양목 두루마기 입은 하늘 가신

그 아버지 꿈속에서 뵈었네

강 이쪽 너머로 딸에게 자꾸 손을 흔드셨네

그 옛날 무겁던 엄마 마음 가지고 가신다며

생전처럼 환히 웃으시던 그 아버지 미소

들국화에 업히셨다

풀숲이 흔들린다
그리움이 흔들린다

부드럽게 살갗을 어루만지는 가을바람
지나가다 또 흔들린다

감나무 위에서 감 따던 아버지
아래서 감 받던 어린 딸

감꼭지 다듬는 순간
"아이고" 소리
아버지 들국화에 업히셨다

먹구름이 밀려오는 날이면
뒷산 무덤 흔들린다

그립기만 한 것은,
나이가 든 탓일까

국화 향기 찾아오는 가을이면
아버지, 허공 속에 흔들린다

양마지

도시로 나가고 싶어 몸부림치던 곳
비포장도로 흙먼지 날리며

걸어서 학교 오가던 구부러진 길
하얀 눈이 울적을 덮을 때

미움도 시기도 다 덮을 때
흰 눈 내리는 고향에 간다

비 내리면 아버지가 업어서 건네주던 냇가
앞산 뒷산 뻐꾸기 울던 그 숲속

눈 덮인 슬레이트 지붕 아래 학독*에서
떡메 치는 당신, 물 묻혀 떡 밀어 넣는 어머니

흑임자 인절미 먹을 생각에
신나서 뛰어다니는 동네 아이들

인생 폭설이 깊어지기 전
이순 넘어 흰 눈을 맞으러 간다

지금은 다 뿔뿔이 흩어졌구나
먼저 간 동생 흰 눈 속에 내린다

*돌확의 방언

굽은 소나무

하루에 버스 몇 번 오가는 오지 마을

뼈 빠지게 농사지어도 늘어나는 건 빚

잘난 아들 당구장 한다, 철물점 한다,

전답 팔아 도회지 갔네

굽은 소나무 고향 지킨다더니

소득 없는 헛농사 짓느라 굽은 소나무

어두운 마음 구석구석 젖은 달빛

한숨 안주 삼아 소주만 마시네

아파트 붐 불더니 오지 마을

자갈땅 돈 춤추네 노총각들

인기가 보름달이네 새댁은 좋아라 땅,

땅, 거들먹거리네 도회지에서

볼 수 없는 별 고향에 뜨네 굽은 마음

지켜야 저 붉은 노을 구경하지

강물 위 은빛 물결 출렁, 출렁이네

섬과 바다

성질 급한 남자 가슴을 넓힙니다

세상을 품으려다 두 팔이 아픕니다

그 파도 출렁이는 마음 묻습니다

푸른 언어들 허공에 흩날립니다

날개 찢긴 갈매기 수평선에 퍼덕거립니다

노을이 바다에 빠져 허우적거릴 때,

섬은 짝 찾아 해변 열차에 몸을 맡깁니다

그 남자 붉은 마음 빗장을 풉니다

청춘을 사 오다

그 봄 다 가기 전에 꽃 사 들고 오다

시장 채소 팔러 간 어머니

무겁게 머리 이고 내려놓은 군자란 화분

기성회비 벌러 나가시더니

답답한 당신 마음 탈출구 필요했나 보다

어머니는 꽃을 가지고 오신 게 아니라

당신의 청춘을 사 오신 게다

그 아침 내내 꽃과 말하며 한숨짓던 당신

지금은 병상에 누워 눈물 꽃 핀 서러운 울 엄마

감박골 이야기

감박골 구불구불 흐르는 개울 사랑
칠석날 엄마 따라가 본 풍경

군대 간 아들 무사히 돌아오길 정성 들였네
아랫집 언니 공장 가게 해 달라 절하였지

큰 바위 뒤에 멋들어진 소나무
절 받으며 껄껄 웃고 있었네

푸른 달빛 나뭇가지 사이로 망봐주었네
소녀들 서로 낄낄대며 멱을 감았지

사랑의 바람 소리 들었을까
저마다 좋아 희희덕거렸지

동네 총각들 꽃향기 맡고 올라오는 소리 들렸네
화들짝 놀라 옷을 뒤집어 입어도

들뜬 마음 들키지 않으려 화난 척했지
감박골 할머니 비자도 없이 구름 나라 여행 갔지

아랫집 그 언니에게도 비자 발급해 주었네
그 가을 맨발로 탑돌이 하였네

칠월 땡볕

매몰찬 하늘 문 닫는 소리

저도 고단한가 보다

시끄러운 인간들 그 악다구니

다 받아준다고 골머리 앓는 폭염의 정수리

탁한 마음 다 씻어주는 저 묵묵한 강물

아름다운 푸른 별 병든 지구

볕뉘도 안 드는 지하 방 앞에 핀 백일홍

그 계단 아래 누워 잠든 그 사람

못 본 체 스쳐 지나가는 바람

한 소쿠리 소나비 퍼부었으면 좋을 칠월 땡볕

떨어져 나간 자리

바람이 지나간 자리
휘잉 휭 휭 요란을 떨자

잔가지 투둑
투둑 떨어져 나간다

잘난 체 위로만 뻗더니
폭풍 못 견뎌 떨어져 나간 자리

아프다
큰아들 잃은 노모

넋을 잃고 슬픈 가슴
칭칭 동여매

핏물 어룽져
두 뺨 붉게 젖어 흐른다

실한 뿌리로
넉넉한 가족 품 되었던

그 늙은 엄마
속 파인 노거수老巨樹 같다

인생 열차

그의 머리 염색하다 울컥

풍성하고 빳빳했던 머리카락

찬 서리 내려 서럽구나

쉼없이 타오르던 정열은 식어

듬성듬성 떨어진 낙엽

늦가을로 가는 인생 열차

갈대처럼 꼿꼿하던 그 남자

오갈 데 없어 서산 노을에 번지네

휴대폰 입력해 놓은 남의 편

내 편으로 바꾸네

팔순이

첫닭 우는 어두운 방
목숨줄 기우는 소리

깡마른 어머니 뱃가죽 등에 붙이고
할딱거리는 어린것 업은 채
안골산을 넘는다

첫새벽 비둘기 우는 진안 고갯길 올라서니
마을 어귀 굴뚝 연기 피어났지

속 모르는 배꼽시계 꼬르륵꼬르륵
미실 동네 침술 용한 할아버지
손발 침 맞히고 돌아오면 해가 중천

"팔순아 죽지 말고 엄마랑 살자"
기어들어 가는 딸의 목소리 "으응"

명 잇는다고 산지당에 팔아서 팔순이

육십 년 넘게 가슴 조이며 지켜준 엄마
불안한 눈빛을 외면한 채 요양원 모셔두고

"엄마 정신줄 놓지 말고 우리랑 살아야지"
있는 힘 다해 겨우 "으응"

제3부

단풍

엄마

머리에 흰 눈 소복이 얹어
창밖만 멍하니 바라보는 당신

시골 고향 집
악다구니 돋는 핏줄

다 어디로 가고
덩그러니 남은 무표정

환한 햇살 마다하고
돌아서는 휠체어

외할머니 보고 싶다
손잡고 덕고개 넘던 기억 더듬나

적막한 마음 미어지는 발걸음
자석처럼 끌어당겨 아픈 다리

늙은 전화기

늙은 전화기 속에는

젊은 날의 그 여자도 있고

젊은 날의 그 남자도 있다

요즈음 시부모 전화 부담스럽다는 말

종종 들려오지만

가슴 부푼 푸른 기억이 있고

흰 구름 추억이 있다

늙은 전화기 속에는

내 어머니의 목소리가 있고

내 아버지의 목소리가 들어 있고,

언젠가 젊은것들의 목소리도 살 것이다

고독의 섬에서 몸부림치는 늙은 전화기

단풍

십일월 마지막 날
길모퉁이에서 동생을 기다렸다

찬 바람이 바짓단 파고들고
은행잎 하나 갈지자걸음

엄마 생신보다 형제자매
만남에 들떠 있었지

헝클어진 구름 쳐다볼 때
허공에서 날아온 카톡

갑자기 동생 119에 실려
병원 수송 중이란다

하늘이 노랗고
그것은 오로지 가을바람 탓,

동생 뇌졸중 소식에
가족 모두 붉은 단풍 들었다

달마중

엄동설한 내복 장사 떠난 울 엄마

첩첩산중 어둠은 일찍 찾아오고,
부엉이 소리 처량하네

막냇동생 엄마 그리워 칭얼대고
우리 남매 호야 들고 마중 간다

솥정리는 산만 한 바위가 두 개
호랑이 나온다는 고개 너머에
바스락 소리가 난다

간이 콩만 할 때
희끗한 긴 그림자 보인다

"엄마", "어이" 소리에 눈물이 왈칵

옷 팔고 돈 대신 받은 콩 자루 팥 자루

머리에 이고 거북이 목이다

봇짐 받은 내 목도 거북이 목이다

고슴도치 가족

양손에 제 새끼 안고 팔자걸음 걷는 내 새끼

눈에 넣어도 아프지 않을 손주이건만

고생하는 자식 바라보는 어미 가슴 바윗돌에 눌린다

낡은 신발 눈에 들어와 잠 못 이루는 이 밤

쓸쓸한 달빛은 창문을 두드리는데

가슴에 비가 내려 붉은 벚꽃 우르르 진다

아들 생각에 두 눈 촉촉하다

그래, 사랑으로 이 세상에 왔다가

저 벚꽃처럼 살다 가는 꽃나무도 있는데

절룩절룩하는 너의 오른발 보니

애달픈 어미 심정 그믐달 된다

그 옛날 시장에서 깻잎 팔아

실로 꽁꽁 묶어둔 돈, 보약 지어 주시던 울 엄마

이 밤 당신의 눈시울 아른거려 흐느낀다

그 남자

타는 가슴 촉촉이 스며드는 그

구름처럼 흔들리며 전해 들은 바람의 말

잊을 수 없어 흘린 눈물 닦아낸 회색 웃음

안개 피듯이 꽃비 수북 내리는 아침

벚꽃 나무 아래서 불그스레한 얼굴

콩닥거리는 가슴, 발목을 끌고 온다고

창백한 얼굴로 수줍음 타던 그 남자

허공에 그린 사무친 마음

사륵사륵 봄비로 지워 봅니다

꽃 진 자리

외로웠나보다 어스름 저녁
메마른 가슴에 술을 안고 온 친구

벚꽃 아래 달빛이
먼저 와서 의자를 밝힌다

혼자 사는 엄마가 안쓰러워
가장 노릇 하던 큰딸

짝 찾아 등 떠밀려 가고
휑한 찬 바람 친구처럼 왔단다

젖은 빗소리 흐르는 날
추억은 뜰 안 가득 내리고

마주 잡은 손 위로 떨어지는 벚꽃
올려다보니 꽃 진 자리 붉다

꽃샘바람

모두가 너 탓이다
티브이에서 학교 폭력 떠들어 대는 것도
국민들 데모하는 것도, 모두 너 탓이다
가벼워진 외투도, 꽃잎 내미는 산수유 노란 몸도
지나가다 웃는 저 여인도 모두 너 탓이다
영역을 침범했다 으르렁거리는 다툼도
왼쪽 오른쪽 갈라치기하는 헛소문도
봄바람 탓이다
꽃 피는 매화 탓이다
저 동백 탓이다
결코, 인간이 아닌 탓이다

꿈이 이루어지나요

잉태를 했네, 칠순에
어찌할거나, 이제야 우리
사랑을 이루었네

누가 볼까 봐 조마조마했네
들킬까 가슴이 두근두근했네

핑크빛 별을 안고
밤마다 사랑 향기 더듬었네
산에서 추위에 떨며
달그림자 아래 뒹굴었네

고목에 이끼 푸를 때 걸음마다
분홍 등불 밝혀 주었네
붉게 차오르는 마음속 꽃 덤불

이제 꽃을 피워야 하겠네
비슬산 천왕봉에 분홍 터 잡았네

나, 돌아갈래

한숨 소리도 고운 장미
한땐, 친구들 부러움 한 몸 받았지
도회지에 시집갔다고

참 좋은 시절이었다
돌담을 타고 올라
파란 꿈을 꾸었다

이제는 돌아갈 수 없는 밤
나훈아가 불렀던 그 노랫말처럼
세상이 왜 이래

밤마다 꿈속에 흙 마당이 보인다
별빛 쏟아지면 풀 냄새 흐르는 곳

적막을 깨우는 뻐꾸기 소리
덩굴장미 아침을 알리는
참새 소리 정겨운 곳

나, 돌아갈래

노을 수첩
―달성습지 탐방

그 여자들 끼리끼리
질투하듯 햇살이 내리쬐어요

시어들 손짓에 목마른 땀 훔치네요
팔월의 오후 습도 행간에 장난치네요

습지 따라가자니, 고라니 고개 높이 들고
비를 빼자니 탐방 간 청둥오리 기다려요

걷기 싫은 남자 투덜투덜, 옹고집 밖으로 덱 걷네요
한 연으로 처리할까요 콧노래가 나와요

옛다, 선물이다 시원한 소나기 주네요
심술 난 벌 기어코 셋째 연에서 톡 톡 톡 쏘아대네요

낭창하게 걷는 우산 속 버들치는 애인일까요?
귀뚜라미 비 맞는다고 토닥거리는 걸 보니, 부부 같네요

여자는 언어를 받쳐줘, 말아
차를 탈까 말까, 행과 연 사이에서 오르내리네요

구름은 바람 따라가자고 하고
강물은 구름 따라가자고 하네요

뒤뚱이

옆집 새댁 배를 밀며 뒤뚱 거려요

'이 양반아 오다가 아기 나올 뻔했다,
의사의 말에 새댁 눈에는 별이 반짝거려요
아직도 형광등이 보이는 걸요

엄마가 되었다고 세상에 나팔 불고 싶어요
만지면 으스러 질까 손이 간지러워요

아기가 웃어 주면 세상을 다 얻은 것처럼,
심장이 팔딱 거려요
설레는 마음 초록 바람을 안고 앞산 꼭대기 이르네요

아빠는 좋아서 회사에 사직서를 날리네요
안개가 삐걱거리며 우리집으로 와요

머리 좋아지라 머리 좋아지라 그네를 타죠
밤인지 비가 오는지 알 이유 없다며

밤낮으로 울어대는 뻐꾸기를 닮아가요
애간장 녹아내리는 엄마, 자꾸 야위어가요

장마가 뒤뚱거리며 밀려가요
향긋한 함박꽃내음 철 대문을 기웃거려요

제4부

잠이 오나요, 그대

하목정 목백일홍

마당 가득 배롱나무 아래
붉은 쌀 튀밥
널어 말리고 있네

낙동강 그 마음 다 알았으리
자식 걱정 가슴속 물처럼 흐른 것을

딸의 아픈 흔적
닦아도 주고 싶었으리

홀가분하다 홀가분하다
어머니 흰 속살 드러내고

유월 햇볕 배롱나무 그늘 아래
붉게 비추고 있네

잠이 오나요, 그대

잠이 오나요, 그대
매화가 피는데, 목련이 봉긋 솟는데

당신은 쿨쿨 잠이 오나요
봄이 오고 있는데

사랑한다, 곧 온다 해 놓고
내 가슴 흑매화 피어요

오늘은 왜 저리 달이 밝은지요
보고 있나요

잠 못 이뤄 전등을 켰다 껐다
창문을 열었다 닫았다

달빛 쏟아져 노크하네요
쿵쾅쿵쾅 가슴이 두근거려요

바람이 부는 까닭을 아나요?
당신이 온다는 소식이겠지요

지하철에서 잠든 홍게

짠 바닷바람 수건 질끈 매고, 아들딸 대구 유학 보낸 그녀

보기도 아까운 손주 선물 주던 며느리

쌈짓돈 다 털어 집게발로 살금살금 사랑 찾아 떠나가네

귀한 내 새끼 다리 떨어질라 가슴이 조마조마

밤낮으로 울어대는 아기 안고 밤새우기 이골이 났다나

사춘기 되더니 다리를 떼어내고, 거품을 물며 눈을 치켜뜨네

할미 탓에 내 인생이 엉망진창이야, 바닥을 치네

바다 냄새도 싫다며 코 막고 악을 쓰는 내 새끼

숨을 쉴 수가 없어 딸 집에 왔다네

사위 눈치 보며 궂은일 다 하는 홍게 할머니

딸은 피곤한 제 몸만 웅크리네

게걸음으로 게딱지 가방 메고 관절통 다리 이끌며

지하철 오르더니, 넋두리하다 코 골며 히죽 웃네

한 마리 만 원 하는 구룡포 홍게 하루 밥벌이인데,

다리 절며 두 마리 만 원 하며 한숨으로 마무리하네

붉은 바닷바람 맞으며 게 그물 수선하는 할머니

감자꽃

병실에 소변줄 끌어안고 미소 지어요

말라 쭈그러진 감자 되어 자식들 방문에

유효 기간 지난 두유로 움을 틔우네요

불쾌한 향기 따라 깡마른 갈비뼈

보랏빛 고랑마다 감자꽃 피어나요

바람의 손길에 그녀의 눈가는

어룽진 물기 반짝이네요

불안한 창가 햇빛 눈부셔 오면

손만 자꾸 만지작거려요

구름의 눈가에도 뜨거운 무언가 마중해요

붉은 그리움 독버섯처럼 자라나요

전원주택

메타세콰이어나무에
까치 한 쌍
신혼집 짓느라 부산하다

나뭇가지 물어다
바람 숭숭 새는 집
만들어 놓고

캬악 캬악, 친구들 불러 모아
집들이한다

층간 소음 때문에
발꿈치 들고 산다는
친구도 옆 가지 이웃이 된다

높은 곳에 터 잡아
아침 강가 물안개 바라보며
저녁답까지 웃고 떠들썩하다

울타리 없는 집
참 좋다
허공에 서로 마주 보고
꺄악, 꺄악, 캬악, 캬악!

모자 공원 의자

안개 낀 새벽 샛강
물 알갱이들이
먼저 와 앉고 나면

아이 등교 마친 아낙도
잠시 쉬어 가자며
궁둥이를 들이민다

한낮에는 햇볕이
밤에는 달과 별빛이
임무 교대하듯
앉았다 간다

모자 공원 의자
임자 없는 의자라고
깔보지 마라
샛강 바람은 오늘도
주인 행세하며

의자와 함께 늙어간다

몸국

수평선이 소문을 내었지요
제주도 해안가 몸국 식당 맛집이라고,

밀물도 그 맛을 보러 온 것이지요
자매랑 부모님 모시고 온 딸들

저 섬처럼 곱기만 한 젊은 연인들
구름 어깨에 기대 바다를 보고 있네요

번호표는 235번,
삶은 때론 기다리는것

낮은 담장 너머 사람들을 엿보기로 했네
우산 들고 거리를 헤매는 여자들

뒤가 답답한 아낙들
바다를 바라보며 위안을 얻네

해장국 뜨거운 뚝배기
푹 고아진 흑돼지 모자반
비까지 맞았으니, 몸국 한 그릇 스르르 몸 녹네

몽돌

사랑싸움하다
집 뛰쳐나온 친구 태우고
무작정 달려간 곳

우리가 왜 왔는지
짐작이나 한 듯,
도글도글 도그르르
부글부글 부그르르
몸을 사정없이 비비는
신랑 각시 몽돌

젊었을 적
세상 물정 모르고
날 세우던 모서리
출렁이는 바닷물 되었네

밤낮으로
시시각각으로

살점 떨어져 나가는 아픔을
짠물이 씻고 있네

물결치면 치는 대로
바람 불면 부는 대로
세상사 별거 아니다고,
몸을 맡기고 있는
몽돌들

믿고, 속고

별들도 눈치 보다 사라진 그 밤

타는 가슴 모른 채, 믿고 속고, 속고 믿고

온다던 너는 기별이 없구나

너를 생각하면 가슴이 먹먹했다

달빛도 지쳤는지, 산에 걸린 새벽

어차피 혼자인 거야

비바람 심장에 방망이질 치는데

임이 오시나 보다

빗속을 뚫고 나뭇가지 흔드는 소리

온몸 적신다 해도 내 너를 안으며

첨벙첨벙 소리 내어 노래 부르리

소나기

통곡과 절규 사이 어머니를 남겨두고

만나지 못한 자매 하염없이 눈물을 흘립니다

세상의 이쪽과 저쪽 세상은

언제나 안타까운 심정뿐,

어머니는 벽 저쪽에 계시고

자식 사랑하는 마음

그리워 슬픈 눈을 껌뻑거립니다

보이지 않는 벽에 부딪혀

자꾸 쏟아지는 회한의 눈물

비대면이라도 볼 줄 알았는데

기대가 한순간에 허물어집니다

자매끼리 빗길을 천천히 돌아 나옵니다

어머니를 홀로 두고 걷는 그 길은

소나기가 가슴을 마구 때립니다

목련꽃 지다

목련꽃이 툭 툭 떨어지는 오후
전화벨이 떨고 있다

한 여인의 흐느낌 속에
유방암
몽글몽글 피어오른다

모자도 잘 어울리는 그녀
시집가서 아들, 딸 낳고
잘 사는 줄 알았는데

고추보다 맵다던 시집살이
남편 바람기에 멍들어
뽀얀 목련꽃 지다

줍다

싱숭생숭하여 그를 주우러 갑니다

마음 설레게 하더니 모르는 체하십니까

구름을 이제 버려야 하겠지요

젊은 날 그 어깨서 덫을 봅니다

길을 잃고 헤매는 한숨은 단풍이겠지요

지나는 바람 그때의 마음이겠지요

흐르는 가을비가 닦아 줍니다

조금 더 품고 그 어깨 기댈 걸 생각 하다

불현듯 산 위에 걸린 노을 놓칩니다

제5부

비렁길은 울지 않는다

은유

발뒤꿈치에서 발가락까지 전해지는 시원함

못난 발 행간에서 깨닫는 부끄러움

발가락 사이 꼬물꼬물 직유가 비집고 다닌다

못생긴 도치 맨발로 거꾸로 달린다

무거운 체중 업고 노느라 힘들었을 활유

달빛은 구름 어깨 주무르고

심장까지 전율시킨 비슬산 예쁜 초승달

퇴고 다이어트

노릇노릇 지글지글 철판에서
몸서리치는 삼겹살 같은 시어
연둣빛 웃음으로 반기는 미나리

고치는 게 다 그런 거야
명사는 굽고 동사는 지지고
형용사를 뒤집다 보면, 저녁은 굶어야지

티브이 보다 갑자기 마주 보고 '피자헛 어때'
쿵짝이 잘 맞는 부사
두 조각씩 게 눈 감추듯 먹다 보면

행간이 심심하다고 겨울비 내린다
매콤 짭짜름 주꾸미 한 판, 대하 한 판
자꾸자꾸 생각나는 뜨끈한 수제비

시가 다 웃는다
잠은 오지 않고 퇴고는 왜

이렇게 안 되는 거야

냉장고만 열었다 닫았다
밥 딱 한 숟가락 총각무 한 개 걸친다
전치사는 남길 수도 없고 한 숟가락만 더

내일부터 진짜 퇴고 다이어트!

육신사 홍살문

어린 단종을 위해
역사의 강 건넌 이들이여

배롱나무 꽃빛의
핏빛 외침이여

육신사 들어서니
용 꼬리 감싼 여인의
자궁 속 같네

목숨보다 충절과 절의
귀히 여겼던 사대부 여인

역적에 몰려서 멸문지화에도
도도하던
그 조선의 여인이여

노예 아닌 노예가 되어

자식 안아보지 못하고
가슴에 피멍이 맺혔겠네

뜻이 하늘에 닿아
신분이 복권되어
사육신을 모셨네

그 어미의 선혈인 듯
사육신의 선혈인 듯
홍살문이 검붉네

하이패스

클릭 한 번으로 선물도 띵동

손 살짝 터치하면 용돈이 띵동

기다리지 않는 고지서 띵동 띵동

사랑도 이별도 요즈음은 띵동 띵동 띵동

숙제 무얼 하지 허공에 클릭하면 띵동

시 한 편 띵동

호미 꽃으로 핀 당신

녹물 뒤집어쓴 채 기댄 헛간 낡은 호미

잡초의 유혹 민들레 꽃바지 입고 호미 친구 되네

한낮 바라귀 벅벅 긁어내며 울부짖던 당신

동여맨 호미 자루 내던지고 눈물 적실 때

굳은살 어루만져 주었을 저 앞산 구름

당신은 허리 굽어 은발 되네

꼬깃꼬깃 허공 은행에 한숨 적금 드네

푸른 가슴에 싸인 홀씨 하나둘 날려가도

붉은 미소 머금고 건너가는 저녁노을

영벽정에서

영벽정 툇마루는
가을비에 깊다

그 옛날 풍류객들
추적추적 내리는 저 빗물

시회詩會를 열고
논어를 논하고

빙빙 돌아 나가는 강물에
붓은 춤추었겠다

허리띠 두르듯
산을 감싼 는개 자욱하고

나룻배 타고 강 건너는
학생들 깔깔깔 웃음소리

그 후손들 한자리 모여
호탕한 웃음 불러놓고

풍광 다시 끌어 올려
백일장 당선 시를 읊는다

좋다 좋다 무릎 치며, 빙그레 웃는
그 선비들 눈에 선하다

갈고리 손

봄꽃처럼 핀 손자들
먹일 음식 만들다가
내려다본 손등

툭툭 불거지는 힘줄
울 엄마 손
늙은 나무뿌리 같네

자식들 모이는 날이면
사위 좋아하는 홍어 무침회

딸들 챙겨 갈 보따리
싸느라 바쁘던 울퉁불퉁한 손

열 손가락 있어도
떨어져 나간 손가락
하나가 제일 아프지

시장 모퉁이 푸성귀 놓고
동상도 잊은 채 타던 가슴
겨울 찬 바람은 알아주려나

난전 호루라기 소리에 쫓기던 힘
요양병원 내려놓고
뼈만 남은 앙상한 갈고리 같은 손

정신마저 바람 된 지 오랜 울 엄마
이제서야 쉬고 계시네

가족

비린내 따라간 기장 바닷가
멸치 털어내는 풍경 속 들리는 뱃노래

에이 헤야 에이 헤야

그물 잡고 왼쪽으로 한 번 털고
그물을 잡고 오른쪽으로 한 번 털고

마스크 쓰고 우의 입은
먼 타국의 외국인 노동자들

에이 헤야 에이 헤야

숨 막히는 삶의 현장
비릿한 물 냄새

저 노을 밀물 타고 가면
수평선 너머 가족에게 닿을까

에이 헤야 에이 헤야

갈매기 끼룩끼룩 울음 우는데
에이 헤야 에이 헤야

기웃거려요

혹, 나타나면 벚꽃처럼 활짝 웃어주던 아이

감나무 올라가 홍시 따 주면, 붉은 얼굴로 아래서 받아주던 아이

공부도 잘하고 수줍음 많은 아이

주말마다 발걸음 옮겼지

우연인 듯 만나서 아무 말이나 웃겨 주었지

때로는 보이지 않아, 그 집 앞 감나무 올라가 기다렸지

두근거리는 마음 진정시킬 때, 진달래 한 아름 안고 나타난 그 아이

방학하자마자 집에 달려갔지만 멀리 이사 가고 없었지

고백이라도 해 볼걸, 너만 보면 가슴이 뛴다고

기웃거린다, 그 집 앞 지날 때면

깔깔깔 웃는 소리 들린다

다락방

여명이 당신의 심장을 쓰다듬는 순간

숨 가쁜 소리 들리나요

시 한 편 짓는 일이 시급해요

은유는 소홀하면 소박데기가 돼요

정신줄 부여잡고 햇살을 움켜쥐어 봐요

보석은 어두울 때 빛이 나거든요

이제 깨어날 때도 되었어요

떠나려는 샛별이라도 잡아봐요

꿈틀거리는 환유를 모셔와야 해요

햇살이 어두운 계단을 발 밟고

슬금슬금 스며드는 나의 다락방

비렁길은 울지 않는다

제비꽃 잠 깨는 노송 사이로

금오도 비렁길, 바다 품은 산자락

아름다운 둘레길 자박자박 걷는다

산은 수평선 끌고 와 들숨을 쉬고

고기 잡는 배, 편해지는 내 마음

눈부시게 푸른 갯벌 하늘에 닿는다

빨간 동백꽃 통째로 누워

흥건히 바닥에 젖던 그 핏빛 물때

떠난 임 그리던 눈물의 고향 바다

새벽부터 밤늦게까지 일만 하다 고꾸라진

가슴에 피멍 든 그 동백꽃 엄마

비슬산 참꽃

분홍 분홍 바람이
수를 놓는다

흰 구름 천왕봉에 걸리고
팔각정 봄빛에 꽃 그림자 곱다

보드라운 바람 소리
수를 놓는 어머니 사랑

당신 평생 꽃구경 원願이었는데
시린 가슴 옹이 되었다

꽃샘바람 스며들까
너덜겅에 멍석 깔아준다

애처로운 눈으로 키운 딸
희망으로 채우는 소쩍새 노래

대견사 탑을 돌며
어머니 극락왕생 빌고 빈다

해설

그리움의 무늬

해설

그리움의 무늬

김 동 원 시인·평론가

들어가는 말―동일성

 세계는 시의 표상이다. 사물은 이것이 저것에, 저것이 이것에 관계한다. 주관과 객관이 끊어진 곳에 그녀의 시가 있다. 그녀는 그 어디에도 머물지 않는다. 대상에 스며드는 그녀의 서정은 슬프고 아름답다. 그녀의 시는 주체와 대상이 하나 되는 과정이다. 그녀의 자아는 현실에 뿌리내리고 있다. 전통과 실험, 현대성과 새로움의 문제를 그녀만의 시선으로 융합한다. 서정의 자기 동일성을 바탕으로 발화한다. 법고를 통해 창신으로 나아가는 그녀의 시는, 전통적이다. 가상의 세계가 아니라 구체와 실존으로 뻗어나간다. 그녀의 시간과 공간은 시 속에 추억으로 교직된다. 빛의 부재가 아니라 어둠의 그림자가 일렁거린다. 그녀의 시는 상상력과 이미지를 깊이 감각화한다. 행간은 감동과 여운을 통해 긴장미를 극대화시킨다. 때로는 부분과 전체를, 때로는 다름과 차이를 시의 좌표로 삼는다. 시는 사물 이전과 사물 이후의 경계선이다. 그녀의 시는 늘 변화하지만, 이치는 간단하고 단순하다. 시는 때에 맞춰 움직일 때 좋은 시가 나온다.

그녀의 시는 고통과 고뇌, 가난과 죽음, 고향과 타향의 괴리에서 출발한다. 긍정과 부정 사이에서 서성거린다. 어조는 담담하고 확고하지만, 이미지를 어거지로 구겨 넣지는 않는다. 일상의 체험과 관찰, 응시와 중얼거림은 감성적이다. 삶의 다양한 양태들은 날것의 체험을 통해 형상화한다. 사소한 작은 것에서 놀라운 풍경과 세계를 만든다. 독특한 그녀만의 색조와 언어의 리듬은 시적 내공을 확보하였다. 과거의 기억과 현재의 틈을 통해, 그녀는 이 순간을 노래한다. 고향에 대한 강렬한 인상과 병상 어미에 대한 통절함은 먹먹하다. 사물의 다양한 주제 의식을 자기만의 방식으로 변주한다. 핵가족 시대에 철저한 가족애는, 그녀 서정의 미덕이다. 넘치지도 모자라지도 않는 그녀의 시적 느낌은, 따뜻하고 부드럽다. 낯선 시의 기법보다 언어의 섬세한 묘사를 통해 숨결을 불어 넣는다.

이번 육현숙의 시집『여자는 슬플 때 엄마를 찾는다』(2024, 그루)에서 보여준 멜랑콜리는 아득하다. 불안의 이미지는 산안개처럼 몽환적이다. 버려야 할 것과 남겨야 할 것들을 적절히 시법에 녹여낸다. 남동생의 죽음을 통해 부질없는 생의 비애를 그린다. 이면 속에 가려진 우울한 풍경을 끈질기게 물고 놓지 않는다. 암시와 비약, 은유와 직유를 통해 그녀의 시상詩想은 노을처럼 번진다. 수작 「감자꽃」에서 보여 준 병든 어미의 적막한 은유는 숙연하다. "병실에 소변줄 끌어안고 미소지"으며, "보랏빛 고랑마다 감자꽃 피"우는 어미에 대한 노래는 뭉클하다. "흐르는 구름 쪽 귀를 묻고" 산 너머 소리를 듣는 「구절초」의 놀라운 이미지 역시 예사롭지 않다. "궂은 날 잘 견뎌준 내 새끼들"로 비유한 「시래기」는 얼마나 적확한 표현인가. 가난을 통해 배운 아이러니와 역설의 묘미는 탁월하다. 탄탄한 그녀 시의 내적 구조는, 무한 긍정과 순응을 나타낸다. 떠 있는 언어의 부력은 활력을 주며, 중첩된 묘사는 연상 작용으로 신선한 느낌을 준다. 사물을 향한 그녀만의 초점은, 무엇을 향해 일정한 패턴으로 발언하고 있는 듯 보인다. 한恨과 허무, 부재不在와 눈물, 고향을 떠나온 자의 쓸쓸함이 타향에서 어룽진다. 그것은 이번 시집 전반을 관통하는 일관된 의식이며, 시를 향한 진실한 질문이기도 하다.

고향과 타향 사이

타향은 시의 새로운 장소이자 고통스런 현실을 깨닫게

하는 장이다. 소통보다는 불통의 시간이며, 조화보다는 부조화의 시간이다. 어둠 속에서 헤매는 울음의 공간이자, 고독한 반추의 서러운 시간이다. 반면, 고향은 상처의 기억을 들추기도, 치유하기도 하는 기억의 복합 공간이다. 정체성을 찾아가는 내면의 질문이자, 끌어당김과 밀어내는 아득한 태초와의 대화이다. 가족의 사랑과 행복, 가난과 비애를 받아주는 외로운 자의 마지막 귀소처歸巢處이다. 육현숙의 「강정보 두물머리」는 자신의 아픔과 노래를 고백하는 시의 성소聖所이다. 그녀는 타향에서 누구에게도 말할 수 없는 답답한 심회를 풀기 위해, 이따금 '강정보 두물머리'를 찾곤 한다.

갈대 숲길 너머엔 물새 길이 보이네

추억을 더듬는 낙동강 습지 두물머리

뜨거운 경상도 남자 순진한 전주 여자

봄비처럼 어우러져 토닥 토닥 콩 볶네

뻐꾸기 뒷산 하얗게 우는 날

이슬 맞으며 시의 몸살을 앓았지

저녁 물안개 속으로 한없이 걸어 들어온 그림자

노을이 강물에 스며들면 어떠리

세월은 또 붉은 물 따라 고요히 흐르면 어떠리
―「강정보 두물머리」 전문

노을 무렵 사문진 나루터에서 배를 타고 낙동강을 한 바퀴 휘돌아본 적이 있다. "갈대 숲길 너머엔 물새"가 날고, 붉은 물결이 한 폭의 수묵화처럼 번진다. 아마도 그녀 역시 그 쓸쓸해서 좋은 "두물머리"에서 고향 "전주"를 그리워했으리라. "뜨거운 경상도 남자"만 믿고 낯선 곳에 시집와 얼마나 외롭고 막막했을까. "뻐꾸기 뒷산 하얗게 우는 날"에도 그녀는 "봄비"를 맞으며 "시의 몸살을 앓았"다. 그녀의 시어는 너무나 자연스러워 무기교의 기교를 연상케 한다. 행과 행 사이, 연과 연 사이 단절된 의미 하나 없이, "붉은 물 따라 고요히 흐르"고 있다. 좋은 시가 다 그렇듯, 그녀의 리듬은 읽는 순간 가슴을 움직인다. 피상적인 관념의 세계가 아니라 지상에 뿌리내린 현실의 언어다. 자신이 직접 체감한 날것의 언어를 불러 모아 삶의 행간을 생생하게 전한다.

모자帽子와 은유

　이번 육현숙 시집 『여자는 슬플 때 엄마를 찾는다』에서 놀라운 점은, '상징과 은유'에 대한 그녀의 인식이다. 「모자」란 대상을 통해 그녀가 궁극적으로 드러내고자 하는 의도는, 다양한 사람에 대한 따스한 시선이다. 첫 행 "아침마다 모자들 도서관에 사뿐사뿐 온다"는, 절묘한 표현이다. '모자들'이 암유한 기막힌 시법은 감각적 이미지를 제공한다. 사람을 곧바로 지칭하지 않고 에둘러서 환유한 방식은 얼마나 유연한가. 이런 동일성을 바탕으로 작품화된 「모자」는, 열거와 점층을 통해 행간의 깊이를 심화한다. "베레모, 창 넓은 모자, 커다란 꽃을 단 모자"는 아침마다 도서관 수업을 들으러 오는 남녀를 지목한다.

　　아침마다 모자들 도서관에 사뿐사뿐 온다

　　베레모, 창 넓은 모자, 커다란 꽃을 단 모자
　　가슴에 제각각 꽃씨 심으러 온다

　　모자들은 화가가 되고 시인이 되고 낭송가가 되고
　　색색의 햇빛을 칠해 꽃나무가 된다

어떤 모자는 뜨거웠던 사랑 얘기 끝이 없고
어떤 모자는 노을 바다에 빠져 눈물짓고

어떤 모자는 장미처럼 우아하게 향기를 뿜고
푸른 하늘 포즈 취해 가며 가시 찌르고 있다

교실 한구석 허풍 치는 그 늙은 베레모
돌아서서 모자들 수군수군하는데
제 꿈에 취해 한 마리 새 되어 하늘 날고 있다

우리는 저마다 머리 위에 욕심 가득
큰 모자 하나씩 쓰고 있다

졸음 겨운 하오, 나는 눈꺼풀 치켜뜬다

―「모자」 전문

  시는 시인의 정신과 사물을 하나로 이어주는 상상력의 산물이다. '모자'란 이질적 상징을 통해, 환유의 시법으로 인간에 연결하는 방식은 적확하다. 어떻게 그녀가 그런 시법을 터득하였는지는 몰라도, 서로 다른 두 사물 간의 접물 방식은 기가 막힌다. "모자들"이 "화가가 되고 시인이 되고 낭송가가" 된다는 시적 발상은 연상적이다. 새로운 서정의 낯선 방식은 모던modern하다. 사람의 모습을 "색색의 햇빛을 칠"한 "꽃나무"로 비유한 시적 표현 또한 압권이다. 삼삼오오 모이면 저마다 "모자"들은 "뜨거웠던 사랑 얘기 끝이 없"다. "어떤 모자는 장미처럼 우아하게 향기를" 퍼뜨리며 제멋에 취하고, 어떤 "늙은 베레모"는 "허풍"을 치며 폼을 잡는다. 천태만상의 사람이 모이는 곳이 도서관이다. "욕심"도 알고 보면 사람살이의 한 풍경이며, 그녀에겐 그런 모습 또한 아름답게 보인다는 점이다.

감자꽃

　육현숙의 병든 어머니에 대한 사랑은 곡진하다. 시인이 겪고 튼 가난과 아픔, 눈물과 흐느낌은 절절하다. 그녀 시집의 지배적 정서는 가족사의 그늘진 풍경이다. 좋은 서정시는 체험의 노래를 통해 울림과 감동을 줄 때 절정에 닿는다. 시는 감정의 언어이자, 기억과 추억, 고통과 연민, 상처와 치유에 이르는 고단한 길이다. 시「감자꽃」은, 요양병원에 계신 늙은 어머니의 마지막 가시는 길에 대한, 딸의 쓸쓸한 속울음이다. 무엇보다 병상의 어미에 대한 통절한 묘사는 사실적이다. 형이상학의 피상적 관념이 아니라, 절박한 현실에서 시를 붙든다.

병실에 소변줄 끌어안고 미소 지어요

말라 쭈그러진 감자 되어 자식들 방문에

유효 기간 지난 두유로 움을 틔우네요

불쾌한 향기 따라 깡마른 갈비뼈

보랏빛 고랑마다 감자꽃 피어나요

바람의 손길에 그녀의 눈가는

어룽진 물기 반짝이네요

불안한 창가 햇빛 눈부셔 오면

손만 자꾸 만지작거려요

구름의 눈가에도 뜨거운 무언가 마중해요

붉은 그리움 독버섯처럼 자라나요

―「감자꽃」 전문

행간을 1연으로 처리한 시법은 고뇌의 깊이를 확보한다. 병상에서 "소변줄 끌어안고 미소" 짓는 어미를 "말라 쭈그러진 감자"로 묘사한 장면은 아프다. 그녀의 기억과 대상 사이의 심리적 거리는 강렬하다. 현대 사회는 사는 것보다, 죽는 것이 더 고통스럽다. 실존은 육현숙의 시에서 불안의 꽃으로 다시 피어난다. "병실"에서 죽음을 기다리는 쇠락衰落한 어미의 풍경은 처연하다. 결국 시도 미완이지만, 인간의 삶도 미완성의 노정에서 끝을 맺는다. 삶과 죽음 모두 인간에게는 '처음 겪는 일'이어서, 대부분 허둥대다가 무덤이 된다. "어룽진 물기 반짝이"며, 죽음의 강을 건너는 어미처럼 생은 절통하다. 곰곰이 생각하면 할수록 "붉은 그리움"이 "독버섯처럼 자라"는 곳이 이승이다. 우리네 인생은, 끝내 남는 건 병든 몸과 백발뿐, 한 번 왔다 가는 인생 오지게 살 일이다.

아이러니 irony

지나간 시간을 돌이켜보면 놀랍게도 우리는, '드러난', 혹은 '감춰진' 수많은 페르소나 persona에 놀란다. 두 개 이상의 이런 시점은, 화자의 중의성과 무의식을 이해하는 데 중요한 시법이다. 동일성의 시법에서 종종 나타나는 아이러니는, 현실 속에서 예상 밖의 표면의 자아와 이면의 자아가 충돌, 분리되면서 발생한다. 이런 예상 밖의 결과가 빚은 모순과 부조화는 육현숙의 「경로 재탐색」에서 "지니"의 목소리로 발화된다. 그녀의 어조는 시 속에서 '부정'과 '긍정'의 방식으로 분출한다.

> 순간, 잘못된 선택이라고
>
> 지니가 말할 때 들을 걸 그랬네
>
> 멀리 돌아갈 수 있다고
>
> 유턴하라고 할 때 그럴 걸 그랬네
>
> 조금 빨리 이 여자를 만났으면
>
> 한 박자 늦지는 않았을 텐데
>
> 구름 위에 꽃나무도 심을 수 있었을 텐데
>
> 섬 뒤쪽, 그 남자도 숨겨 둘 수 있었을 텐데

공연히 재탐색하다 이탈한 경로

　　　살짝 수평선 터치만 했는데

　　　평생 뺑뺑 골목길을 헤맬 줄 몰랐네
　　　　　　　　　　　　　　　　　　—「경로 재탐색」 전문

　살다 보면 결혼은 매 "순간, 잘못된 선택"은 아닐까 의문한다. 내면 깊숙이 비집고 올라오는 이런 충동은, 수십 번 수천 번 자아가 겪는 일이다. 그녀의 시 「경로 재탐색」은 현대시의 수준 높은 주제이다. 우주의 관점에선 모든 순간이 처음 겪는 혼돈의 사건이다. 결혼은 두 개의 카오스가 하나의 '조화'의 세계로 편입하는 진통이다. 살아보지 않으면 결코 알 수 없는 '비밀 상자'다. 상자에 손을 넣는 순간, '경로 재탐색'은 끝없이 일어난다. 결혼은 천국과 지옥 사이, 연옥쯤이다. 해도 후회 안 해도 후회다. 선택하는 순간 "지니"의 말을 "들을 걸" 후회한다. "좋은 결혼은 눈먼 아내와 귀먹은 남편의 결혼이다."(몽테뉴) 부부는 화성에서 온 남자, 금성에서 온 여자다. 아무리 지니가 "유턴하라고" 그래도, 자식이 생기는 순간 '모호'에 빠진다. 시가 좋은 이유는, 후회와 상실의 심리를 아름답게 보상해 주기 때문이다. 헤어진 첫사랑만큼 애틋한 그리움의 무늬도 없다. 사랑에 빠지면 "구름 위에 꽃나무"를 "심"게 된다. "섬 뒤쪽, 그 남자"를 "숨겨" 두기도 한다. 풋사랑은 산울림처럼 사라져야 제멋이다. "공연히 재탐색하다 이탈"하면, "평생 뺑뺑 골목길을 헤"매게 된다. 육현숙의 놀라운 아이러니는, 그녀의 시 세계를 새롭게 보게 되는 중요한 지점이다.

비극

위대한 독백은 자신에게 말하는 중얼거림이다. 명시는 어조語調가 인간적이다. 아름답거나, 슬프거나, 외롭거나, 비극적일 때 리듬이 된다. 행간 속에서 이어지는 끝없는 대화는, 측은지심惻隱之心의 발로이다. 「하얀 아이」를 기억에서 불러내는 의식은, 마치 초혼招魂 같다. 뒤돌아보면, 어느 순간 길 위에서 '누군가' 사라지고 없다는 생각을 할 때가 있다. "유월의 허공 밟고 가버린" "동생"을 향한, 이 레퀴엠은 비극적이다. "그 아이"는 "하얀 꽃송이처럼 이빨이" 고왔나 보다. 참으로 애달픈 것은, "쑥인절미 목에 걸려" 갑자기 하늘로 떠난 그 황망함에 있다.

  유월의 허공 밟고 가버린 내 동생

아카시아 향기 좋아 따라간 그 아이

하얀 꽃송이처럼 이빨이 고운 아이

쑥인절미 목에 걸려 저 하늘로 가버린 동생

자식 업고 밤중에 문 닫힌 병원

마구마구 울며 두드렸지, 어머니

그 밤 통곡 속 허공 길 떠나버린 하얀 아이

뒷산 아카시아 피면 해마다 돌아오는 그 모습

돌담 사이 하얗게 웃고 선 빈 그림자처럼

자꾸자꾸 날 부르는 뒷산 뻐꾸기 우는 소리

휘청휘청 날갯짓 무거운 그 아이 우는 소리
─「하얀 아이」 전문

「하얀 아이」를 따라가다 보면, 어미의 절박한 절규가 들린다. 부모가 돌아가시면, '하늘이 무너져 내리는 슬픔을 느낀다天崩'고 한다. 자식이 먼저 죽는 것을 참척慘慽이라고 했던가. 부모는 자식이 죽으면 흉중에 묻는다. 어떤 죽음이든, 슬픈 것은 슬픈 것이다. 죽어 가는 "자식"을 둘러 "업고 밤중에 문 닫힌 병원"을 "마구마구 울며 두드"리는, 그 어미의 심중을 생각하면, 머릿속이 하얘진다. 오호통재嗚呼痛哉! 생은 괴롭고 괴로운 고해苦海다. 남겨진 식구는 어이하고, 어미의 사무침을 또 어떡하고, "그 밤 통곡 속 허공 길 떠나버린 하얀 아이". "돌담 사이 하얗게 웃고 선 빈 그림자" 되어, "자꾸 자꾸" 누나를 부르는 그 하얀 아이의 우는 소리는 눈물이 난다. 아, 시여! 참혹하구나.

나가면서

이번 육현숙의 시집 『여자는 슬플 때 엄마를 찾는다』 속에는, 시편마다 슬픈 그림자와 서정의 풍경들이 빼곡하다. 특히, 그녀의 「여자는 슬플 때 엄마를 찾는다」는, 모녀간의 육친의 정이 행간에 흠뻑 젖어 있다. 병든 어미가 내준 "반지 귀걸이 팔찌"를 팔 수밖에 없는 현실이 먹먹하다. 딸은 가장 힘들 때 친정엄마 생각이 간절하다고 한다. "정신이 왔다 갔다" 하는 쇠잔한 어미의 모습에서, 그녀는 자신의 노년을 떠올렸으리라. 머지않아 어미는 "병원 창 너머 봄 하늘"에 "꽃씨"를 심으러 떠날 것이다. 고향 뒷산의 뻐꾸기 울음소리를 들으며, 이승에 새끼들을 남겨 둔 채, 지아비를 만나러 하늘로 들 것이다. 이번 시집에서 그녀가 추구한 큰 흐름은 대개, 고향과 부모님, 동생의 죽음, 사랑에 대한 아련한 추억 등으로 요약된다. 타향에 시집와 남모를 외로움을 낙동강에 흘려 보내기도 하고, 사물에 감정을 이입해 동일성의 시학을 꿈꾸기도 한다. 어떤 시는 울음의 방식으로, 어떤 시는 질문의 방식으로, 어떤 시는 고백의 서정이 된다. 어린 날의 추억, 숲과 나무와 섬과 바다의 이야기도 배경의 이미지가 된다.

한편 「인생 열차」는, "늦가을" "노을"이 된 반백의 부군夫君에게 전하는 사랑의 노래다. 젊은 날 "풍성하고 빳빳했던 머리카락"은 간곳없고, 벌써 "찬 서리 내"린 노년은 서럽기만 하다. 시 「노을 수첩」은, 달성습지의 풍경을 기막힌 은유의 시법으로 버무렸다. 특히, 그녀의 작품 중에서 「지하철에서 잠든 홍게」는 수작이다. 지하철 좌석에 기대 잠든 행상 할머니에 대한 연민의 정은 아릿하다. 그녀의 시를 읊조리면 따스한 이웃의 얼굴이 떠오르고, 그 장소가 떠오르고, 그곳의 향기가 번져 온다. 어쩌면, 시는 장소와 시간을 지우는 작업인지도 모른다. 잊어버리고 싶은 번뇌와 욕망을 시는 씻어준다. 끝으로 병상에 누워 계신 어미와의 추억을 노래

한 2024년 '매일시니어문학상' 시 부문 수상작 「비렁길은 울지 않는다」를 감상하며 마칠까 한다.

제비꽃 잠 깨는 노송 사이로

금오도 비렁길, 바다 품은 산자락

아름다운 둘레길 자박자박 걷는다

산은 수평선 끌고 와 들숨을 쉬고

고기 잡는 배, 편해지는 내 마음

눈부시게 푸른 갯벌 하늘에 닿는다

빨간 동백꽃 통째로 누워

흥건히 바닥에 젖던 그 핏빛 물때

떠난 임 그리던 눈물의 고향 바다

새벽부터 밤늦게까지 일만 하다 고꾸라진

가슴에 피멍 든 그 동백꽃 엄마

　　　　　　　―「비렁길은 울지 않는다」 전문

  여수의 금오도 비렁길은 다도해 해상국립공원에 조성되어 있다. 비렁길의 '비렁'은 '벼랑'의 전남 사투리로 해안 절벽 위를 연결한 걷기 길을 말한다. 그 옛날 주민들이 땔감을 구하고 낚시를 위해 다니던 해안 길이다. 비렁길은 바다 풍경이 기가 막힌다. 함구미 마을에서 시작하여 두포, 직포, 학동 심포, 장지까지 연결되어 있다. 늦겨울과 초봄 사이 붉게 핀 동백꽃은 서럽기도 하다. 육현숙의 「비렁길은 울지 않는다」는, "눈부시게 푸른 갯벌 하늘에 닿는" 그곳에서, 병든 어미 생각에 "눈물"이 글썽인다. "홍건히 바닥에 젖"은 갯벌을 다니며, 친정엄마는 밤낮없이 자식의 밥을 위해 행상을 하였다. "새벽부터 밤늦게까지 일만 하다" 지금은 요양병원에 "고꾸라진" "동백꽃 엄마". 모성은 참으로 고귀하고 고결하다. 좋은 서정시는 울림과 떨림을 준다. 아무리 투박한 시라도 자신만의 언어로 개성을 입히면 놀랍게 변신한다. 여전히 서정시가 사랑받는 이유는, 육현숙의 시처럼 아련한 정서와 기억을 불러일으키기 때문이다. 그녀의 시는 실존을 감각화한 깊은 감동과 울림이 있다. 고향의 달빛과 바람의 언어로 직조된 그녀의 서정은, 시가 태어난 장소와 시간의 아름다운 무늬이다. 때로는 땅의 말을, 때로는 하늘의 푸른 언어를, 때로는 가난한 어미의 그 따뜻한 가슴의 말을 전한다. 시는 시인의 개인적 체험일 수도 있고, 타인의 행위에 투영된 새로운 자아일 수도 있다. 육현숙의 이번 시집 『여자는 슬플 때 엄마를 찾는다』는, 여자의 일생이 얼마나 신산 고초인지를 깨닫게 하는, 새로운 서정의 노래로 규정된다.

육현숙 시집
여자는 슬플 때 엄마를 찾는다
ⓒ 육현숙, 2024

초판 1쇄 발행 2024년 10월 5일

지은이 　육현숙
펴낸이 　이은재

펴낸곳 　도서출판 그루
출판등록 1983. 3. 26(제1-61호)
주소 　　42452 대구광역시 남구 큰골 3길 30
전화 　　053-253-7872
팩스 　　053-257-7884
전자우편 guroo@guroo.co.kr

ISBN 978-89-8069-513-3

＊이 책은 저작권법에 의해 보호받는 저작물이므로 무단 전재와 무단 복제를 금하며 이 책 내용의 전부 또는 일부를 이용하시려면 반드시 저작권자와 도서출판 그루에 서면 동의를 받아야 합니다.
＊잘못된 책은 구입하신 곳에서 바꿔 드립니다.
＊책값은 뒤표지에 있습니다.